CON GRIN SUS CONOCIMIENTOS VALEN MAS

Bibliographic information published by the German National Library:

The German National Library lists this publication in the National Bibliography; detailed bibliographic data are available on the Internet at http://dnb.dnb.de .

Imprint:

Copyright © 2006 GRIN Verlag
Print and binding: Books on Demand GmbH, Norderstedt Germany
ISBN: 9783346077233

Katrin Finke

La movilidad geográfica en el Perú de los años 1940 a 1961

La migración interna como respuesta a las desigualdades en el país

GRIN Verlag

GRIN - Your knowledge has value

Since its foundation in 1998, GRIN has specialized in publishing academic texts by students, college teachers and other academics as e-book and printed book. The website www.grin.com is an ideal platform for presenting term papers, final papers, scientific essays, dissertations and specialist books.

Visit us on the internet:

http://www.grin.com/

http://www.facebook.com/grincom

http://www.twitter.com/grin_com

Universität Bielefeld
Fakultät für Geschichtswissenschaft, Philosophie und Theologie
Verstädterungs- und Metropolisierungsprozesse in Lateinamerika im 19. und 20. Jahrhundert
SoSe 2006
Katrin Finke
6. Fachsemester, Spanien - und Lateinamerikawissenschaften
Nebenfach

La movilidad geográfica en el Perú de los años 1940 a 1961:

La migración interna como respuesta a las desigualdades en el país

o: "La Sierra, gran olvidada, baja para tomar parte en el festín."[1]

---

[1] Traducción libre según Gilbert 1997 : 114 "La Sierra, grande oubliée, descend sur la Côte prendre place au festin'.

Índice

I) Contexto geográfico, histórico y económico de las migraciones internas en el Perú 1

2) La migración y sus mecanismos: 4

3) Características del migrante, la unidad familiar y la modernidad: 7

4) Conclusión 10

5) Fuentes: 12

0) Introducción

El presente trabajo escrito trata de la migración interna en el Perú de mediados del siglo XX, que es uno de los fenómenos sociales que tienen mayor interés en toda América Latina. La situación después de la gran depresión de los años 1930 y la segunda guerra mundial ha hecho visible las diferencias de oportunidades económicas de la población. De esta base ha nacido la intensificación de la migración de campesinos andinos hacia la Costa, y particularmente a Lima. Es un efecto que se acentuó en la segunda mitad del siglo XX.

Se examinan los problemas teóricos que plantea el masivo éxodo del campo de los años 1940 a 1961. Los analiza como respuesta social a las desigualdades que caracterizan a ambas regiones y los describe como una de las estrategias de superviviencia que adopta la familia serrana. Se elucidan los conceptos teóricos con respecto al problema de la migración que se asocia con las características económicas y los aspectos sociológicos del periódo en cuestión. A la vista del individuo, el trabajo se interesa al migrante como actor social y a su proyecto migratorio. Se fija sobre todo en la cuestión de como se opera el proceso de la salida de su pueblo de origen.

A lado de algunos artículos del dominio de la sociología, me apoyo esencialmente en la muy completa Tesis de Bachiller por Bertoli y Portocarrero (1967) y en otras obras proveendo información teórica y estatística. He utilizado las cifras censales de 1940 y 1961 que cubren en general los estudios. La simple razón es que se hicieron censos de población en estos años.

I) Contexto geográfico, histórico y económico de las migraciones internas en el Perú

Esta primera parte introduce el trasfondo geográfico, histórico y económico a fin de aprehender el contexto en el que se operan las migraciones internas en el Perú. El territorio peruano tiene tres regiones bien diferenciadas: la Costa, la Sierra y la Selva. Esta división es primordial porque demarca Lima de las regiones naturales y implica diferentes posiciones socio-económicos de partida en cuanto al desarrollo del país y a la satisfacción de necesidades básicas de la población. (vid. Bähr 1974 : 227) Deler (1974) describe a la realidad en las regiones del Peru como una "distorsión socio-económica". (Deler 1974 : 32) A un sector dinámico, localizado en la Costa, que abrita una agricultura de buena eficacia y mayormente orientada hacia la exportación de caña de azúcar y algodón, se opone el sector de la Sierra, cuyo crecimiento agrícola es el más bajo del país. La bajada de la producción es uno de las causas del éxodo del campo a la ciudad. (vid. Dollfus 1968 : 14)

Los niveles de educación se reproducen en las disparidades económicas del país: Mientras que el analfabetismo tiene su más fuerte porcentaje en las zonas rurales, (vid. Ramón 1981 : 32) Lima está provista del mayor número de oportunidades educacionales. El gran desafío del Perú es la fractura territorial porque la Sierra y la Selva siempre han vivido a la sombra de la capital. (vid. http://www.iigov.org..., p. 13)

Las causas de la migración son complejas y no pueden entenderse sin tener cuenta de algunos determinantes del pasado. Como todo proceso dinámico, los movimientos migratorios internos tienen incuestionablemente su raíz en hechos históricos. El rol predominante de las ciudades y su fuerte atracción se remontan a la época colonial del siglo XVI. En aquellos tiempos, se fundaron Lima y otras ciudades costeñas con el fin de mantener el control de la corona española. El desarrollo del Perú ha contemplado un progresivo crecimiento del litoral pacífico, básicamente de Lima, dejando al margen a la Sierra. En el siglo XIX, la importancia de la Costa ha aumentado aún más por la exportación de materias primas. Este patrón ha contribuido al incremento de la pobreza de las zonas serranas. (vid. http://www.iigov.org ..., p. 14)

Con los años que siguen a la crisis mundial económica[3], empezó en América Latina una nueva etapa en la que resalta el crecimiento dramático de las ciudades. Hay que ponerlo en relación con un fenómeno económico: la industrialización por sustitución de importaciones[4]. Pero no todos los peruanos beneficiaron de este "motor del crecimiento"[5]. Se incorporaron amplios sectores a la economía en los que se concentró el ingreso, pero excluyó a los campesinos de la Sierra. Los dados fenómenos son exclusión e inclusión parcial. Como precisa Bähr (1974): "Die Entscheidungen über Standortwahl neuer Industrien wurden fast ausschließlich nach betriebswirtschaftlichen [...] Gesichtspunkten getroffen. Hierbei wurde erneut nur noch stärker als in der Vergangenheit die Hauptstädte begünstigt. Denn diese boten in der Regel bessere infrastrukturelle Voraussetzungen und günstige Marktaussichten." (Bähr 1974 : 238)

Si en la Costa el desarrollo de la economía ha contemplado un boom, en la Sierra se observa desde el siglo XIX su estancamiento. A las prácticas agrárias ineficientes se junta la estructura problemática de la tenencia de la tierra: las tierras son pulverizadas en una multitud de pequeños parcelas[6]. (Dollfus 1968 : 27) Deja a muchos jóvenes campesinos sin acceso a parcelas y sin oportunidades de trabajo.

La habilitación de una red de carreteras en el marco del proyecto político por Benavides[7] en 1940, que debía "llevar Lima a los provincianos" (http://edoc.bib.ucl..., p. 130) derivó en un proceso inverso al soñado, estimulando el magnetismo de la capital y facilitando los flujos migratorios. Por la ampliación de las redes de comunicación y de información, se ha relativado la distancia espacial. (vid. http://edoc.bib.ucl..., p. 130)

En los años 1950, el Perú empezó a industrializar su economía urbana de manera determinada. La recepción de manos de obra en Lima intensificó la estructura dualista del país y exacerbó la brecha entre

---

[3] Als Weltwirtschaftskrise bezeichnet man den 1929 einsetzenden schweren volkswirtschaftlichen Einbruch in allen Industrienationen, der sich u. a. in Unternehmenszusammenbrüchen, massiver Arbeitslosigkeit und Deflation äußerte. Die Gleichzeitigkeit der Krisenerscheinungen wurde gefördert durch die gewachsene Verzahnung der Einzelwirtschaften und Finanzströme (Kapitalmobilität), während viele heute selbstverständliche marktregulierende Elemente noch fehlten. Die Weltwirtschaftskrise beendete die so genannten „Goldenen zwanziger Jahre". (http://de.wikipedia.org/wiki/Weltwirtschaftskrise)

[4] Die Entwicklungsstrategie der Importsubstituierenden Industrialisierung (ISI) ist der Ersatz von Importgütern durch im Inland hergestellte Produkte. Vor allem in Lateinamerika wurde nach den bitteren Erfahrungen der Weltwirtschaftskrise [...] bewusst eine Abschottung vom Weltmarkt betrieben, um die heimischen Industrien zu fördern. [...] Einheimische Produzenten ersetzten die unbezahlbar gewordenen Importe und schufen einen sekundären Sektor. (vid. http://de.wikipedia.org/wiki/Importsubstituierende_Industrialisierung) Una vez terminada la Segunda Guerra Mundial, y pese a las fuertes expectativas existentes sobre la rápida recuperación de la economía mundial, en los países latinoamericanos se acentuaron las tendencias autárquicas, favorables a la industrialización y al desarrollo del mercado interior. Esta situación supondría una importante transferencia de recursos del sector primario-exportador al sector industrial, al que en última instancia terminaría subsidiando. Durante la Segunda Guerra Mundial, la industrialización sustitutiva se especializó en la producción de bienes de consumo, especialmente concentrados en las industria alimenticia, textil, química y farmacéutica, para lo cual se aprovechó eficazmente la maquinaria adquirida durante la fase expansiva de los años 30. (vid. http://www.artehistoria.com/frames.htm?http://artehistoria.com/historia/contextos/3111.htm)

[5] http://www.artehistoria.com/frames.htm?http://artehistoria.com/historia/contextos/3111.htm

[6] Schuld daran ist die Erbfolge, die die Grundstücke unter den erbenden Kindern zu gleich großen Teilen aufteilt, sowie die ungerechte Landverteilung zwischen Großgrundbesitzern, die oft über riesige Plantagen verfügen. (http://www2.gtz.de/dokumente/bib/06-0100.pdf)

[7] Oscar Raymundo Benavides (1876 – 1945), general y político peruano. Presidente de la república en 1914 – 1915 (provisional) y 1933 – 1939, gobernó dictorialmente y reprimió el aprismo. (El pequeño Larousse 2004 : 1155)

3

las regiones más aún. (vid. http://www.iigov.org..., p. 12) La transformación de Lima a una "primacy"[8] aceleró dramáticamente.

Desde el siglo XVI, la centralidad de Lima es de una importancia apreciable: Se condenó a criminales exilándoles de la capital durante un tiempo determinado. Cuanto más la pena era severa, tanto más la distancia era larga. (vid. http://lcweb2.loc.gov/cgi....) Esta noción ha todavía estado válida en el concepto cultural del valor social en el Perú del siglo XX: "Everyone living outside of greater Lima is automatically a provincial (*provinciano*), a person defined as being disadvantaged and, perhaps, not quite as civilized as a *limeño*." (http://lcweb2.loc.gov/cgi....)

En resumidas cuentas se puede afirmar que la posición privilegiada de la Lima de mediados del siglo XX es una consecuencia de la época colonial.

2) La migración y sus mecanismos:

La alienación entre la ciudad y las zonas rurales y los elevados niveles de migración hacia la capital son factores interdependientes. A fin de aprehenderlos, este capítulo se interesa en primer lugar a los conceptos teóricos de la migración en general y examina los flujos migratorios en el Perú de los años 1940 – 1961. Describe luego las diferentes causas de la migración interna como respuesta social a las desigualdades que caracterizan al campo y a la ciudad. Finalmente expone estudios sobre la búsqueda y la realización del proyecto migratorio.

De acuerdo con el tono general de la literatura, Butterworth y Chance (1981) describen a la migración como un comportamiento socio-demográfico y la definen como "a permanent or semipermanent change of residence of individuals, families, or larger collectivities from one geographical location to another that results in changes in the interactional system of the migrations". (Butterworth y Chance 1981 : 35). Román (1981) completa que el hecho de migrar se entiende como un un proceso de desarrollo de la personalidad. Cree que la decisión de migrar es "producto de una visualización de la probeza del medio frente a las propias determinaciones del migrante," (Román 1981 : 63) lo que ha llamado la diferencia entre lo esperado y lo vivido. (vid. Román 1981 : 63) Simmons et al. (1977) destacan que los que reflejan su situación son los que "are most likely to improve their circumstances by moving". (Simmons et al. 1977 : 83)

Los movimientos migratorios siguen existiendo desde los tiempos más remotos y desempeñan un papel primordial en la (re-)distribución de la población del planeta. La migración interna del Perú siempre ha existido también, pero el traslado de personas en un tamaño masivo es un fenómeno bastante nuevo. Como la mayoría de las capitales latinoamericanas, Lima se ha convertido en una ciudad receptora de grandes bolsones de población provenientes del interior del país. Al comparar la información censal de 1940 y de 1961, se nota sobre todo la expansión de la gran Lima. Albergó el 10,4% respectivamente el

---

[8] primacy (= megalopolis): [Es] ist immer eine „primacy" gegeben, wenn die Einwohnerzahl der größten Stadt eines Landes ein Vielfaches der Einwohnerzahl der nächst größeren Stadt beträgt. [...] "Primacy" ein besonderes Merkmal für den Verstädterungsprozeß in Lateinamerika [...]. (Bähr 1974 : 31)

18,6% de la populación (vid. Bähr 1974 : 230); o sea a 500.000 respectivamente a 1.600.000 inhabitantes. (vid. Hudson 1992 : 47)

Los censos de 1961, que discuten el impacto de la migración, contaron 1.162.238 migrantes, lo que corresponde a un 23% de la populación total. Presenta el triple de las cifras de 1940. (vid. Bähr 1974 : 245ff.) En 1961, los provincianos formaron el 47% de la populación de la gran Lima. (vid. Bertoli y Portocarrero 1967 : 90) Así, la migración interna en el Perú con destino a Lima representa un desplazamiento considerable que supera de lejos a las corrientes migratorias que se producen en otros lugares del país.

De modo general, los sociologías dividen las condiciones que motivan a la migración en factores de expulsión (push-factors) y factores de atracción (pull-factors). En nuestro caso figuran entre los factores

⁹ Fuente: http://www.lib.utexas.edu/maps/americas/peru_pop_1970.jpg

de expulsión, presentes en el campo, sobre todo la estructura del agro en minifundios y bajos niveles educativos tanto en los padres como en los hijos, lo que se resume a una situación económica difícil. Aparecen también la insuficiencia de servicios de sanidad y catástrofes naturales. (vid Butterworth y Chance 1981 : 40) Con respecto a los factores de atracción, que generan la capital, Bataillon y Gilard (1988) introducen el término del "espejismodo de la ciudad" (Bataillon y Gilard 1988 : 40) en el que el migrante potencial se ve obtener sus necesidades básicas de existencia así que sus sueños. Román (1981) sigue que las esperanzas que se ponen en la nueva vida, son directamente opuestas a su dilema: "Si el principal problema es, por ejemplo, la escasez económica, la expectativa más clara y más importante será el logro de una mejor acumulación de recursos económicas en el lugar de llegada". (Román 1981 : 202) En ésta lógica, los factores de atracción se traducen en la creencia de encontrar mejores condiciones de vida y en el progreso en todos sus aspectos. Efectivamente, la indústria, el comercio y las infraestructuras se concentran en la capital y el sector secundario y terciario[10] se han consolidado gracias a la industrialización por sustitución de importaciones. Además, las formas modernas de vida urbanas ganan cada vez más importancia en los valores de la populación rural. (vid. Kittel 2004 : 7) La presencia de parientes o amigos en regiones de inmigración puede funcionar como una atracción addicional, así como el mito urbano con sus "bright city lights". (Butterworthy Chance 1981 : 47) Para recapitular los factores, se puede decir que la ciudad se percibe como una meta, donde se puede completar en el ciclo vital lo que la zona de origen es incapaz de realizar. Bähr (1974) afirma: "Lima ist im Begriff, Modell oder Parameter der peruanischen Kultur und Gesellschaft zu werden". (Bähr 1974 : 258)

Entretanto, hay que verificar la fuerza expresiva de los factores de expulsión y de atracción en el caso particular, porque los migrantes basan sus decisiones no sólo en puntos de vista racionales, sino también se orientan en vínculos sociales y emocionales. Éstos últimos pueden ser de mayor importancia que las ventajas económicas. (vid. Han 2000 : 14) Los movimientos migratorios son procesos más complejas cuyos causas son generalmente un concierto de variodos factores mezclados entre ellos. En pocos casos la migración se explica por una sola causa. (vid. Imbusch 1993 : 144)

Decimos que toda migración presupone una serie de evaluaciones previas que comunemente se designan como "proyecto migratorio". (vid. Altamirano 1992 : 400) Butterworth y Change (1981) definen este proyecto como un "implicit or explicit decision-making process," (Butterworth y Change 1981 : 35) que enfrentan las cuestiones del "when, where, and why to go; perhaps how long and with

---

[10]El sector secundario se refiere a las actividades que implican transformación de alimentos y materias primas a través de los más variados procesos productivos. (http://www.ecobachillerato.com/recursoseco/sectores.htm#El%20SECTOR%20SECUNDARIO) El sector terciario o sector servicios se compone de las áreas "suaves" de la economía tales como seguros, turismo, actividades bancarias, venta y educación. Otros servicios son los siguientes: restaurantes, franquicias, industria del ocio incluyendo la industria de grabación, música, radio, televisión y cine, transporte, cuidados personales y de salud. (http://es.wikipedia.org/wiki/Sector_terciario) En cuanto a la industrialización, Fourastié precisa: "[…] die Produktivität [des primären Sektors] kann durch technischen Fortschritt auf lange Sicht mittelmäßig stark gesteigert werden. Industrielle Massenproduktion – der sekundäre Sektor – kann durch technische Innovationen immer effizienter gestaltet werden, somit ist der Zuwachs der Produktivität in diesem Sektor am höchsten". (vid. Fourastié 1969:74)

whom". (Butterworth y Change 1981 : 35) En el caso ideal, el proyecto migratorio se efectua en tres momentos: (1) el potencial migrante toma conciencia de su situación de impotencia ante de la realidad rural, (2) decide salir del lugar de origen, (3) se mete con enfrentar una nueva realidad y con los riesgos y peligros que ella puede encerrar. (vid. Román 1981 : 201) Altamirano (1992) subraya la importancia de considerar al migrante como un individuo capaz de "racionalizar los efectos, riesgos e incertidumbres que todo proceso migracional exige". (Altamirano 1992 : 396) El migrante tiene una idea muy clara del espacio temporal que cuenta pasar fuera de su pueblo, lo que confirma la racionalidad de la acción.

Generalemente, la migración se opera su forma de "cadena" (chain migration) o sea que constituye movimientos sucesivos. El mecanismo de las cadenas migratorias es sencillo: Inician el movimiento algunas personas, llamados "migrantes pioneros" (Han 2000 : 12) que salen de su pueblo por alguna necesidad u oportunidad. Por lo regular, es el hecho de solteros jóvenes. Después de un tiempo, estas personas acaban de instalarse en el lugar de llegada y pasan a servir de "puente" para facilitar la venida de parientes y amigos que, a su vez, ayudan a otras personas. La ayuda que encuentran de la parte de las ya establecidas de manera permanente es considerable: "Zwischen dem Zielort und dem sozialen Akteur existiert fast immer ein Bindeglied; man war z.B. schon einmal bei einem bestimmten Arbeitgeber oder hat Bekannte oder Familienangehörige am Arbeitsplatz ". (Salvador Rios 1990 : 238) Este mecanismo crea una cadena cada vez más densa de movimientos que tienen siempre los mismos lugares de origen y de destino. Se posibilita así la reconstitución pronta de la familia en el lugar de llegada (vid. Martine et al., p. 10; Román 1981 : 203)

3) Características del migrante, la unidad familiar y la modernidad:

Varios autores han avanzado hacia una distinción de cinco rasgos típicos que se atribuyen al migrante. El migrante modelo sería (1) joven, (2) varón, (3) soltero, (4) con un nivel de educación bastante alto y (5) empleado en el sector secundario o terciario.

Basándose en las estatísticas de los años 1940 y 1961, este capítulo examina dichas características, tomando en cuenta el cambio en las tendencias cifradas. Se interesa a la feminización de la migración y a la unidad familiar. Finalmente analiza el impacto de la modernización y de la modernidad.

Puesto la feminización de la migración y la reunificación de la familia con arreglo a la migración en cadena, vale decir que la condición del varón soltero disminuye continuamente. Bertoli y Portocarrero (1967) han discutido las características de los migrantes – comparándolas con los no-migrantes, para analizar si existen algunos rasgos que se asocian con altas tendencias a la migración. El único factor que parece operar de manera casi universal, es el de la edad. La población migrante se da con más intensidad en el grupo de edades de 14 a 25 años.

Cuadro I

Población migrante de la República por grupos de edad y sexo (1961)[11]:

Bertoli y Portocarrero (1967) presumen que esta selectividad puede explicarse porque "las personas jóvenes poseen un mayor nivel de aspiraciones, y son, en general, menos conformistas con la situación prevaleciente, lo que les facilita el abandono del lugar de origen". (Bertoli y Portocarrero 1967 : 20). Añadan que, en mayor proporción, todavía no son casados, es decir que no tienen obligaciones vinculantes. (vid. Bertoli y Portocarrero 1967 : 19) Tampoco no tienden a asumir una posición en su pueblo de la cual son responsables. (vid. Simmons et al. 1977 : 83) Simmons et al. (1977) resumen que son "free to move" (Simmons et al. 1977 : 83) y "open to change". (Simmons et al. 1977 : 84) Su espiritu abierto se describe como "una mayor capacidad de adaptación a las nuevas circunstancias, lo que colabora a que aceptan en mayor medida el riesgo que implica todo proceso migratorio". (Bertoli y Portocarrero 1967 : 20) A menudo, el deseo de migrar de la juventud está apoyada por los padres porque la imagen del bienestar que promete la ciudad está muy enraizada entre la populación rural. (vid. Rodríguez 1999 : 269)

En cuanto a la selectividad por el sexo, Bertoli y Portocarrero (1967) han observado que el índice promedio de masculinidad de los migrantes de 131.5 en 1940, disminuyó a 117.3 en 1961. (vid. Bertoli y Portocarrero 1967 : 76) La mayoría de varones en los años 1940 se debe básicamente al patrón de la migración cuya etapa inicial es predominante masculina. Entre los casados, el varón es más suceptible a migrar. La tendencia es que el esposo o padre sale de casa temporalmente, mientras que la esposa y los hijos se quedan en el pueblo, protegidos por la comunidad. Una vez los hombres establecidos permanentemente, siguen las mujeres y los hijos. La reunificación familiar puede ocurrir pronto o con una distancia de años. (vid. Bertoli y Portoracarrero 1967 : 18; Altamirano 1992 : 404) Por su rol de sustentador de la familia y por un mejor nivel educacional se anima a los hombres de tomar el riesgo de la migración. (vid. Bertoli y Portocarrero 1967 : 18)

Cuadro II

Índice de masculinidad de los migrantes, de acuerdo al tiempo de residencia, en 1961[12]:

Entretanto, Altamirano (1992) sostiene que la familia andina se distingue por su unidad y coherencia interna (vid. Alramirano 1992 : 401). Se ha generalizado que la población migrante se va a vivir en familia. Si bien en la etapa inicial, los hombres predominan, no significa forzosamente la ruptura de la unidad doméstica. Este tiempo sirve para la búsqueda de un alojamiento y de trabajo, o sea para preparar la llegada de la familia. A pesar de los cambios que ésta pueda sufrir, maneja problemas de estrategia de vida para satifacer las necesidades básicas y actúa con una gran flexibilidad. (vid Rodriguez 1999 : 267)

---

[11] Fuente: Bertoli y Portocarrero (1967 : 82)
[12] Fuente: Bertoli y Portocarrero (1967 : 76)

Como lo evidencian los censos, la tendencia a migrar tiende a ser menos diferencial en relación al sexo en el año 1961 que en 1940. Las mujeres siempre han estado presentes en los movimientos migratorios, pero resulta que la cuota de las mujeres aumenta continuamente, lo que es un desarrollo bastante nuevo. Con estos hechos, se habla de la "feminización de la migración" (feminization of migration). (Han 2000 : 28) Simmons et al. (1977) indican que al contrario de los hombres, las mujeres tienen tendencia a movimientos de larga distancia. Son relacionados a la gran demanda en el servicio doméstico en Lima. (vid. Simmons et al. 1977 : 87)

No se puede negar la conexión entre la modernización y la feminización de la migración. La modernización que ha experimentado la sociedad peruana, se plasma entre otras cosas en el índice de masculinidad de los migrantes que disminuyó claramente entre 1940 y 1961. (vid. Bertoli y Portocarrero 1967 : 24) Los efectos de la transformación de una sociedad tradicional a una sociedad moderna se notan en varios campos. El mayor nivel y la mayor duración de la educación proveen a los individuos con una mayor movilidad ocupacional. Es decir que les capacitan a ejercer una gama de profesiones más variada. Comunemente, la modernización va acompañada de una reducción de la población activa en el sector primario[13] y su transferencia a los sectores secundario y terciario de la economía. Esto puede estimular la migración. (vid. Bertoli y Portocarrero 1967 : 6, 24) Entonces se podría afirmar que existe también una fuerte asociación entre la modernización y la migración interna. De modo general, las regiones modernas actúan como polo de atracción sobre las tradicionales. Las causas de este fenómeno son el rápido crecimiento de la economía y de la industrialización lo que crea en las zonas modernas una gran demanda de mano de obra. Pero también el mayor número de oportunidades educacionales y de servicios atraen a migrantes. La consecuencia lógica es el aumento de las tasas de movilidad geográfica hacia las zonas modernas, lo que implica una revolución demográfica. (vid. Bertoli y Portocarrero 1967 : 3, 24)

La extensión de la red de carreteras y el nuevo alcance de los medios de comunicación de masa que también son rasgos de la modernidad, facilitan la circulación de ideas y de personas. No han solamente posibilitado la transmission de información en gran escala, sino también han hecho al hombre consciente de las limitaciones en que se desarrolla su vida. (vid. Bertoli y Portocarrero 1967 : 23, 87) De aquí la búsqueda de otros horizontes se empeña por las vías de comunicación.

Hemos visto que el proceso de modernización va acompañada de un aumento general de las tasas de movilidad. Ésta se efectúa en tres tipos: (1) la movilidad social o vertical, que es la apertura del sistema de estratificación y la transición de un individuo de un estrato social a otro; (2) la movilidad ocupacional, que es el desplazamiento de un individuo de una rama ocupacional a otra y (3) la movilidad geográfica, que es un sinónimo de la migración. (vid. Bertoli y Portocarrero 1967 : 21; Ghersi 1999 : 132)

En complemento a la unidad familiar, los migrantes pueden dirigirse a asociaciones y organizaciones comunales en Lima, que les permiten de mantener un estrecho contacto con su medio de origen. Cuando

---

[13] El sector primario comprende las actividades de extracción directa de bienes de la naturaleza, sin transformaciones. Normalmente, se entiende que forma parte del sector primario la minería, la agricultura, la ganadería, la silvicultura y la pesca. http://www.ecobachillerato.com/recursoseco/sectores.htm#EL%20SECTOR%20PRIMARIO

el migrante tiene que enfrentar problemas en el lugar acogedor, causadas por ejemplo por la salida del seno de la familia puede recurrir a esta "même entité collective suprafamiliale" (Malengrau 1995 : 69) que le ofrece una "especie de seguridad social y cultural". (Altamirano 1992 : 405) La sociedad migratoria no es "a collection of alienated `lost souls´", (http://lcweb2.loc.gov...), sino se constituye más bien de grupos con roles sociales y fuertes vínculos familiares.

Con respecto a los niveles de educación, una hipótesis formulada por Bertoli y Portocarrero (1967) dice que los migrantes poseen un mayor nivel de educación que los no-migrantes. (Bertoli y Portocarrero 1967 : 20) El cuadro siguiente confirma efectivamente esta hipótesis:

Cuadro III

Nivel de instrucción de la población migrante y no-migrante en 1961[14]:

Otras cifras afirman que las personas empleadas en los sectores secundario y terciario se caracterizan por mayores tasas de movilidad geográfica que los empleados en el sector primario. Esta diferencia probablemente se deba a la rigidez de la estructura rural tradicional. Las ocupaciones en el sector primario requieren menores niveles educacionales y los conocimientos de los obreros son menos transferibles a ocupaciones en otros sectores. (vid. Bertoli y Portocarrero 1967 : 16) Como consecuencia de la modernización, el mejoramiento de la educación funciona como una "agencia de difusión de aspiraciones". (Bertoli y Portocarrero 1967 : 72) Cuanto mejor la educación y la formación, tanto mejor las posibilades profesionales en la ciudad. Posiblemente, de esta manera la tendecia a migrar aumenta. (vid. Bertoli y Portocarrero 1967 : 70ff.) Es perfectamente el caso de la mujeres que trabajan en el servicio doméstico en Lima. Globalmente, la modernidad es uno de las factores que generan profundos cambios sociales tanto en las áreas urbanas como en las rurales.

4) Conclusión

Se ha expuesto en este trabajo que la migración puede entenderse como un mecanismo que permite a los individuos de realizar sus aspiraciones y como una estrategia de supervivencia para grandes sectores de la población. Alterando el mercado laboral e influyendo manifiestamente el mapa demográfico país, la movilidad de la población, sin embargo, puede ser a su vez un factor de integración e intercambio cultural. Para concluir se contemplan las consecuencias de la conducta migratoria tanto para los individuos migrantes como para las comunidades de las que han salido y para el conjunto de la sociedad peruana. Son expresiones de profundes cambios sociales. El hecho que las personas más preparadas, informadas y capacitadas son las que migran, se traduce por el llamado efecto de drenaje de cerebros ("brain drain")[15]. Incapaces de retener sus recursos humanos para su propio desarrollo, los

---

[14] Fuente: Bertoli y Portocarrero (1967 : 72)
[15] ([…]wörtlich *Gehirn-Abfluss* im Sinne von *Migration der Intelligenz* eines Volkes) bezeichnet man die Emigration besonders ausgebildeter oder talentierter Menschen aus einem Land. Dies betrifft vor allem Akademiker und ausgebildete Facharbeiter.

pueblos escasean de personas suceptibles de tomar una posición directiva en las comunidades que podría por ejemplo iniciar un cambio de su estructura y eficacia agrícola y económica. Entonces se debilitan las bases de las zonas rurales aún más. Hay que indicar igualmente que la población andina muestra una fuerte tendencia a envejecer. En la producción agrícola hay menos brazos, y como consecuencia, baja. Un proceso que, a su vez acentúa el deterioro de la calidad de la vida rural. Así, las zonas rurales permanecen las zonas más deprimidas y con más problemas de articulación con la economía nacional. Allí los indicadores sociales encuentran su nivel más grave. (vid. http://www.unicef.org...)

Sin embargo, la movilidad también puede contribuir a la subsistencia de la familia y al fortalecimiento de los individuos y los grupos. En una lógica de beneficio para los lugares de origen y destino de migrantes, hay que señalar un flujo de remesas, el establecimiento de nuevos lazos entre regiones y la estimulazión de la transferencia de tecnologías. Hoy en día, la visión se orienta también al concepto del "brain gain[16]". (vid. http://www.eclac.org..., p. 26)

Con respecto a la situación actual, el desplazamiento de personas vertical hacia la Costa se ha dramatizado continuamente. Según Unicef, la cifras de la migración interna han pasado entre 1940 y 1993 de 591 000 a 4 868 000 migrantes, lo que equivale a un incremento del 823%[17]. (vid. http://www.unicef.org/peru/publicaciones2_02.html) Hoy en día, el Perú sigue siendo uno de los países que presentan mayor grado de grupos excluídos y marginados. La estructura de la sociedad peruana actual es muy heterogéneo lo que resulta en una barrera para la universalización de los derechos sociales y económicos. Fenómenos como el aumento de la delincuencia y el surgimiento de la informalidad[18] son directamente relacionados con los cambios del paisaje social del Perú y particularmente de la capital. La fuerte visibilidad de los problemas en los nuevos sectores excluidos que afectan a los migrantes recientes asentados en zonas urbanos marginales y a los jóvenes que no logran acceder al mercado laboral, es sin duda una voz dando alarma. La migración puede significar un desastre nacional si no se toman medidas para un desarrollo "sano" y controlado.

Viele […] wirtschaftliche und technologische Blütezeiten gehen auf Einwanderungswellen zurück, viele Niedergänge auf Auswanderung insbesondere der talentierteren Köpfe verfolgter Minderheiten. Daher gibt es weltweit einen gewissen Wettbewerb um die klügsten Köpfe, mit erheblichen Nachteilen für die Länder, die nicht die Mittel haben, ihre Talente zu halten, und erheblichen Vorteilen für die anderen Länder und für die betroffenen Personen. (http://de.wikipedia.org/wiki/Brain_Drain)

[16] […] "Gewinn oder Vermehrung von Intelligenz oder Verstand", vor allem im Sinne von Humankapital. (http://de.wikipedia.org/wiki/Brain_Gain)

[17] Unicef considera que tales cifras podrían tomarse solamente como referenciales.

[18] Als informeller Sektor wird der Teil einer Volkswirtschaft bezeichnet, der im Gegensatz zum formellen Sektor nicht durch formalisierte Beschäftigungsverhältnisse geprägt ist und sich staatlicher Kontrolle oft entzieht. Es existieren verschiedene Definitionen des "informellen Sektors". Ihr gemeinsamer Nenner besteht darin, dass die betroffenen Unternehmen nicht bei den Behörden registriert sind. Meist spricht man im urbanen Kontext von Informalität. (http://de.wikipedia.org/wiki/Informeller_Sektor)

5) Fuentes:

Literatura:

Abate Cuffini, Gloria y Espinoza Valencia, Lidia (1999) : "Fuentes de migración a una zona natigua de Lima", pp. 45 – 50. In: *Estrategias de supervivencia y seguridad alimentaria en América Latina y en África*, Clasco, Buenos Aires

Altamirano, Teófilo (1992) : "Migración y estrategias de superviviencia de origen rural entre los campesinos de la ciudad", pp. 379 - 412. In Kingman Garcés, Eduardo (compilador): *Ciudades de los Andes*, Quito

Bähr, Lutz Amand (1974) : *Verstädterung in der Dritten Welt – Herausforderungen mit Schwerpunkt auf Südvietnam und Peru*, Inaugural Dissertation zur Erlangung der Doktorwürde der Philosophischen Fakultäten der Albert-Ludwigs-Universität, Bonn

Bataillon, Claude y Gilard, Jacques (1988) : *La grande ville en Amérique Latine*, éditions du Centre National de la Recherche scientifique, Paris

Bertoli, Fernando y Portocarrero, Felipe (1967) : *La Modernización y Migración Interna en el Perú*, Tesis para optar el grado de Bachiller, Universidad Nacional Mayor de San Marcos, Lima

Bourricaud, François (1967) : *Pouvoir et société dans le Pérou contemporain*, Armand Colin, Paris

Butterworth, Douglas y Chance, John K. (1981) : *Latin American Urbanization*, Cambridge University Press, New York

Deler, Jean Paul (1974) : *Lima 1940 – 1970, Aspects de la croissance d`une capitale sud-américaine*, Institut Français d`Études Andines, Bordeaux

Dollfus, Olivier (1968) : *Le Pérou, introduction géographique à l`étude du développement*, Centre National de la Recherche Scientifique, Paris

Doughty, Paul (1991) : "Perú … y la vida continúa", pp. 49 - 80. In: *América Indígena*, Volumen L1, n° 4, México

Doughty, Paul (1999) : "El caso de Huaylas: Un Distrito en la Perspectiva Nacional", pp. 111 – 127. In: *Estrategias de supervivencia y seguridad alimentaria en América Latina y en África*, Clasco, Buenos Aires

Escárzaga, Fabiola; Julio Abanto Llaque, Julio y Chamorro G., Anderson (2002) : "Migración, guerra interna e identidad andina en Perú", pp. 278 – 298. In: *Política y Cultura,* otoño número 018, Universidad Autónoma Metropolitana – Xochimilco, México

Fourastié, Jean (1969) : *Die große Hoffnung des zwanzigsten Jahrhunderts*, Bund-Verlag, Köln

Ghersi Barrera, Humberto (1999) : "Características de la Migración en el Distrito de Marcará", pp. 128 – 134. In: *Estrategias de supervivencia y seguridad alimentaria en América Latina y en África*, Clasco, Buenos Aires

Gilbert, Daniel (1997) : *Le Pérou*, éditions Karthala, Paris

Han, Petrus (2000) : *Soziologie der Migration*, UTB, Lucius & Lucius, Stuttgart

Hudson, Rex A. (ed.) (1992) : *Peru – a country study*, Federal Research Division, Library of Congress, Washington D.C.

Imbusch, Peter (1993) : "Flucht und Migration in Lateinamerika", pp. 125 - 167 In: Thimm, Andreas (ed.): *Migration in der Dritten Welt*, Erdmann Gormsen, Universität Mainz

Malengrau, Jacques (1995) : "Ruptures et continuités sociales et ethniques", pp. 61- 71. In: *Cahier Central*, juin 1995, n° 17, Paris

Martin, Christophe (2000) : *Ethnologie d`un bidonville de Lima*, L`Harmattan, Paris

Martos Mar, José (1999) :" Consideraciones Generales Acerca del Proceso Migratorio en la Ciudad de Chimbote", pp. 72 – 77. In: *Estrategias de supervivencia y seguridad alimentaria en América Latina y en África*, Clasco, Buenos Aires

Mejia Valera, José (1999) : "Sumario sobre factores sociales en la migración interna", pp. 184 – 186. In: *Estrategias de supervivencia y seguridad alimentaria en América Latina y en África*, Clasco, Buenos Aires

Monge Medrano, Carlos (1963) : "La Distribución Vertical de la Vida en el Perú - Migraciones y Nomadismo", pp. 11 – 17. In: Dobyns, Henry F. y Vasquez, Mario C. (ed) : *Migración e integración en el Perú*, Editorial Estudios Andinos, Lima

Nunura, Juan (1983) : *La insección de los migrantes en el mercado de trabajo urbana: el caso de Lima metropólitana*, OIT-FUNAP, Lima

Richard, Guy (1996) : *Ailleurs, l`herbe est plus verte. Histoire des migrations dans le monde*, arléa-corlet, Condé-sur-Noireau

Rodríguez Doig, Enrique (1999) : "Entre el campo y la ciudad: estrategias migratorias frente a la crisis", pp. 27 – 35. In: *Estrategias de supervivencia y seguridad alimentaria en América Latina y en África*, Clasco, Buenos Aires

Rubio Romero, Patricio (1988) : *Perú*, Biblioteca Iberoamericana, Ediciones Anaya, Madrid

Salvador Rios, Gregorio (1990) : *Peru – Dorfgemeinschaft der Anden, Migration und Entwicklung*, Dissertation zur Erlangung des sozialwissenschaftlichen Doktorgrades des Fachbereichs Sozialwissenschaften der Universität Göttingen

Simmons, Alan; Diaz-Briquets, Sergio y Laquin, Aprodicio A. (1977) : *Social Change and Internal Migration*, IDRC, Ottawa

Obras de referencia :

El pequeño Larousse (2004), Larousse, Paris

Fuentes de Internet :

http://www.andes.missouri.edu/andes/especiales/ouarqueologia/ou_arqueologia2.html (Ugarteche, Óscar (1998) : "La pirámide de la sociedad peruana", Extracto de *La arqueología de la modernidad*, DESCO, Lima)

http://www.artehistoria.com/historia/contextos/3111.htm

http://de.wikipedia.org/wiki/Brain_Drain

http://de.wikipedia.org/wiki/Brain_Gain

http://de.wikipedia.org/wiki/Informeller_Sektor

http://de.wikipedia.org/wiki/Weltwirtschaftskrise

http://www.eclac.org/publicaciones/Poblacion/4/LCG2124P/lcg2124P_5.pdf
(Martine, George; Hakkert, Ralf y Guzmán, José Miguel : "Aspectos sociales de la migración internacional")

http://edoc.bib.ucl.ac.be:81/ETD-db/collection/available/BelnUcetd-02232005-125509/unrestricted/8,cap3,Lima.pdf ("El proceso urbano de Lima: del espacio segredado a la generación espaciales", pp. 113 - 149)

http://www.geo.wiso.tu-muenchen.de/lehre_und_studium/lehrveranstaltungen/begleitmaterial/hs_migra_bev/Kittel.pdf (Kittel, Petra (2004) : „Determinanden und Konsequenzen der Land-Stadt-Wanderung in Lateinamerika", pp. 1 - 26)

http://www.iigov.org/tiig/attachment.drt?art=276863 (Institut Internacional de Governabilitat de Catalunya: "Perfil de Gobernidad de Perú", pp. 11 - 20)

http://www.lib.utexas.edu/maps/americas/peru_pop_1970.jpg

http://www.uasb.edu.ec/padh/revista7/articulos/patricia%20balbuena.htm#globalizacion
(Balbuena, Patricia: "Feminzación de las migraciones: del espacio reproductivo nacional a lo reproductivo internacional")
http://www.unicef.org/peru/publicaciones2_07.html

http://www2.gtz.de/dokumente/bib/06-0100.pdf
http://lcweb2.loc.gov/cgi-bin/query/r?frd/cstdy:@field(DOCID+pe0052)
(todos consultados el 12 de julio 2006)